멀리 있는
그대

멀리 있는 그대

박장순 지음

바른북스

추천글

《멀리 있는 그대》를 펼치며
어느 날, 조용히 펼친 아버지의 시에서
나는 그동안 말없이 흘러간 시간들과 마주했습니다.
고된 날들 사이로 피어난 사색,
묵묵한 침묵 속에 켜켜이 쌓인 사랑이
단어가 되고, 문장이 되어
이제 한 권의 시집으로 손에 닿았습니다.
《멀리 있는 그대》는 삶을 견디며 걸어온 아버지의 발자취이자,
어쩌면 우리가 모두 언젠가 그리워하게 될 '그대'를 향한
짙은 그리움의 노래입니다.
아버지의 시는 조용히 마음속 문을 두드립니다.
그 문을 열고 나면, 그 안엔 잊고 지냈던 풍경과
가슴 한편을 데우는 따뜻한 말들이 기다리고 있습니다.
아들의 이름으로,
그리고 한 사람의 독자로서
이 시집을 조심스럽게, 그러나 기쁘게 추천해 드립니다.
멀리 있는 그대에게 닿기를 바라며.

대만에서 아들

작가의 말

일흔여섯 내 인생이 '삶의 배낭'을 지고 간다.
세월이 흐르니 쌓이는 것이 많고 쌓이는 것이 많으니 던져버릴 것도 많다.
많이 던져야 높이 날 수 있는데
던질 것들을 삶의 보따리에 옭아매고 길을 나선다.
기다려 주는 사람 없는 들로 산으로 강가로 허우적거리며 무작정 걷는다.
온몸이 눈물과 땀에 젖어 괜스레 서럽고 구슬프다.
나지막한 언덕에서 시가 손짓해 부른다.
친숙한 글동무가 되어 《멀리 있는 그대》의 시집이 잉태했다.
《멀리 있는 그대》를 배낭에 지고 아내에게 "그동안 미안했다." 하며 찾아간다.

2025년 4월
박장순

목차

추천글
작가의 말

제1부 · 문학의 길

시(詩)의 길 |12|

봉숭아 시집 |13|

낙엽 |14|

나의 길 |16|

손녀와 봉숭아 |18|

청년이 된 할아버지 |19|

가슴 저리게 바라본다 |20|

가을의 노래 |21|

김밥은 |22|

말 못 하고 삽니다 |24|

나의 노래 |25|

그리움이 흘러가네 |26|

일흔 넘어 배낭여행 |28|

나는 어쩌란 말이냐 |29|

우리 모두가 꽃이다 |30|

멀리 있는 그대 |32|

· 제2부 ·
삶의 길

요양 보호사 | 36 |

양말을 기우며 | 37 |

참 좋은 세상이다 | 38 |

창밖 | 40 |

여의나루 김밥축제 | 41 |

해병 수색대 | 42 |

카드가 빈정거린다 | 44 |

돼지, 너는 | 45 |

인생이란 | 46 |

노년 | 48 |

흐르는 바람 | 49 |

그대를 생각하며 | 50 |

너를 기다리며 | 51 |

부산에 와 보니 | 52 |

떠나간 이(齒牙)에게 | 53 |

삶취 | 54 |

· 제3부 ·
고향길

노동의 행복 |58|

늙은 경운기 |60|

납골당 가는 날 |62|

왕눈이사탕 |64|

벽에 걸린 졸업장 |66|

동백섬, 그곳에 가면 |68|

일흔일곱 생일이 든 달에 생긴 일 |70|

형제 |72|

나는 왜 |73|

제발 본전만이라도 |74|

내 고향 10월 |75|

낙엽 |76|

못 |77|

당산나무에게 가보자 |78|

한탄강 |80|

복수초 |82|

제4부
희망의 길

2025년 새해 아침에 |86|

3월의 행진 |88|

독도 |89|

호랑이 |90|

배추김치 |92|

낙엽의 한마디 |94|

모과 |95|

던져버리고 싶은 것들 1 |96|

던져버리고 싶은 것들 2 |98|

손녀 생각 |100|

꿈속의 뼈저린 나의 아버지 |102|

배낭의 여정 |105|

부끄러운 인생이야 |106|

별이 된 부모님 만나려 |108|

내 고향의 동생이 몸부림친다 |109|

해파랑길을 걸으며 |110|

제1부
문학의 길

시(詩)의 길

꿈꾸는 무지개 언덕
가파른 오르막길도 아닌데
시상(詩想)은 날아가 돌아오지 않고

깊어진 세월 탓인가 했더니
그것도 아니고
안개 자욱한 밤도 아닌데

처음에는 잘 걸어지던 길이
옷 잘 차려입고
멋지게 걸으려니
더 힘이 든다

굽은 등에 짊어진
배낭 속 시가
오락가락하더니
무지개 언덕 넘어서 날아가버렸다

봉숭아 시집

우편으로 받은《봉숭아》시집 한 권
유치원 꽃밭에서 대학 꽃밭으로
훌쩍 예쁘게도 자랐네

책장을 넘기니
촘촘히 봉숭아가 심어져
희망과 용기의 안부 전하네

잔잔히 흘러내리던
산골짝 실개천은
수많은 굽이를 돌며 옹달샘 만들고

넓고 깊은 푸른 꿈속으로
풍덩 뛰어들라고 손짓하는
따스한 바다의 메시지

할아버지 열정의 응원 소리 들리네

낙엽

고양 주엽 그랜드백화점에
삶에 지쳐 스러진 시계 찾으러 갔다
시계점 얼굴 하얀 미모의 여인
'점심 식사 중' 팻말이 걸렸다

정원 나무 아래 앉아서
《도시로 간 낙타》 시집 읽는데
따스한 햇볕 사이로
바람이 낙타를 몰고 다닌다

시계 진열장 유리 위에
낙엽 한 장이 슬그머니 떨어졌다
내 어깨 위에 몰래
업혀 왔나 보다

곱게 물들지 못하고
벌레 먹어 초라한 단풍
나무의 한 일생이 따라왔다

밟히고 멍든 삶이 얼마나 아팠으면
등에 업혀 왔을까
내 고장 난 시계처럼

연약한 인연의 끈이 애처로워
'이 단풍잎 좀 잘 치료해 주세요'
치료비로 내 시집《삶의 배낭》한 권 드렸다

나의 길

내 등에 업힌 아이의
하얀 손톱에
봉숭아 물이 들어 있었다

우리 집 화단에 피어 있던
사랑으로 견딜 수 없는 꽃

나를 붙들고 웃어주던
아이의 분홍빛 웃음이
내 마음을 붙잡아 주었다

지금은 만날 수 없어도
아득히 먼 이곳에서
눈물 흘리지 않으리

달님을 업고 이 밤이 새도록
어쩌면 먼 길 걸어올
너를 기다리며

눈물보다 아프고
높고 순결한 꽃이여

나의 길은

손녀와 봉숭아

장안사 자그마한 꽃밭에
아침 이슬 맞으며
가슴 저림으로 피어나던
봉숭아 한 떨기

해지는 어느 날
흰나비 등 타고
슬픈 눈길로 뒤돌아보며
먼 광주 꽃밭으로 날아갔네

봄이 열 번 넘게 흘러가도
나비는 때마다 오는데
봉숭아는 피지 않고
그리움만 처연히 피네

청년이 된 할아버지

늘그막에 우리 할아버지는
문학 교실에
공부하러 다닌다

먼 기억 속으로 걸어가
누구를 만나 무엇 하고 놀았기에
저리 순하게 웃을까

《삶의 배낭》시집을 넘기며
손녀인 나와 어릴 적에 놀던 추억을
그린 책이라며 얼굴을 붉힌다
감수성이 무지개로 피어나

헬스장에서 꿈으로 가꾸어져
청년이 되었다

가슴 저리게 바라본다

동백꽃이 봉오리 열고 눈웃음 지으면
찬 바람이 꽃봉오리 붙잡고 춤을 추고
꽃송이째로 뚝뚝 눈물 떨구면
파도가 바위에 부딪쳐 흐느낀다

달이 뜨면서 어둠을 끌고 가듯
꽃송이 툭 바람이 데리고 가면
진달래가 빈자리 채워준다

산자락에서부터 진달래가
얼음 풀린 개울물 소리와 동무 되어
산등성이를 타고 오른다

차가운 바람 속 동백의 처연한 핏빛
외로운 산자락 진달래의 애잔한 분홍빛
꽃이 피고 지는 모습
가슴 저리게 바라본다

가을의 노래

달 밝은 밤 사랑 노래가
달빛 등에 업혀 와
가슴 깊이 스며들어요

덥고 지루했던 여름이
짝짓기 애절한 매미 소리 데리고
가을 속으로 스며들었어요

여름이 놀던 뜨거운 자리에
코스모스 봉오리 열고
눈웃음 지어요

가을이 빼꼼 고개 드밀면
나도 슬슬 가을을 타요

귀뚜라미
가을 노래
정겹게 들리는 밤이에요

김밥은

시계의 마법에 걸려
두 시간 일찍 온 주엽동 시 교실

슬픔으로 허기져서
김밥 한 줄 먹으니
초겨울 햇볕이 친구 하자 했다

김밥이 먼 기억으로 손목을 끌고 가
5년 전의 고성 바닷가에다
내려놓았다

술 담배 외로움이
못 살게 괴롭혀
큰돈 받는 주방장 직을 버리고 나왔다

먼 하늘나라로
휘적거리며 가지 않으려면
꼭 걸어야만 하는 외로운 길

김밥은
힘들어 주저앉을 때마다
나를 일으켜 주었다

말 못 하고 삽니다

사랑한다는 말
가슴속에 가득 차 있어도
차마 말 못 하고 삽니다
어차피 전달하기 힘든 말이니까요

보고 싶은 생각
가슴속에 간절하지만
차마 표현하지 못하고 삽니다
어차피 느껴지지 않는 형편이니까요

슬프고 외로운 마음
못 견디게 괴롭지만
차마 원망하지 못하고 삽니다
너무나 멀리서 바라보고 있으니까요

나의 노래

나락이 부끄러워 고개 숙인 논둑길을
휘파람 불며 걸으리

햇볕과 비바람에게 베풀어준 은혜에 답하여
고마움을 노래 부르리

가을이 빛나는 건 여름의 땡볕과 비바람의 산물이라
대학교에서 공부하는 손녀에게 알려줘
계절의 응원 보내리

태양이 내일 아침 동편 산에서 솟아오르기 위해
서산으로 넘어가듯이

나도 내일의 희망을 바라며 서쪽 오솔길로 기쁘게
노래하며 걸으리

그리움이 흘러가네

세월이 쉬지 않고 부지런히 흘러서
묵은해가 빠르게 가고 나니 그 자리에
새해가 달려오네 멀리서 손을 흔들며
반갑다고 달려오네
힘차게 더 가까이 달려오네
그대와 내가 만나는 경계선에서
영원히 존재할 것처럼
백사장 모래 위에 하얗게 부서지는 파도처럼
부서지는 순간도 눈부시게 희고 아름답네
영원할 것처럼

가만히 귀 기울이면
그대가 부르는 따뜻하고 포근한 목소리가
금방이라도 들릴 것같이 들려올 것같이
새 달력에 그리고 내 마음에
파랗게 맑은 하늘에 솟아오르는 붉은 태양처럼
그대의 얼굴이 내게로 미소 지으며 달려오는 것 같네

우리가 같은 세상에서 함께 살면서
서로의 안부를 궁금해하며 주고받는

평범하지만 뜻깊은 새해가 되었으면 좋겠네
노여움을 오래 품지 않는 온유함과
용서를 아끼지 않는 사랑으로
넓고 깊고 푸른 바다처럼 마음을 열어주길 바라네
온 세상을 품어 안은 뜨거운 태양처럼
우울하고 불안하고 고통스러움에 떨고 있는
불쌍한 나에게
사랑의 따뜻한 옷 한 벌 입혀주었으면 좋겠네

진정으로 진정으로 사랑할 수 있도록
삶의 빛이 되고 노래가 되는 걸
이제야 늦게나마 배우고 있다네
부끄러운 어리석음을 후회하며
올려다본 하늘에는
그대의 얼굴이 둥근 해처럼 환하네
괜찮다고 괜찮으니 웃으라고 힘내라고
따스한 미소 보내주네

부디 올 새해에는 언제나 건강하고
복 많이 받고 공부 열심히 하길 빈다네

일흔 넘어 배낭여행

일흔이 넘어
삶의 보따리에 솥단지와 짐을 싸서
어깨에 메고 길을 나섰다

기다려 주는 사람 없는
들로 산으로 강가로
허우적거리며 무작정 걸었다

온몸이 눈물과 땀에 젖어
괜스레 서럽고 구슬펐다
첫사랑처럼

나지막한 언덕에서
시가 손짓해 불렀다
친숙한 글동무가 되어
시집《삶의 배낭》을 낳았다

나는 어쩌란 말이냐

오늘 바람이 세차게 부는데
마음도 저리고 시리다
언젠가 그대와 함께 거닐며
바라보던 푸른 하늘은
아무리 불러도 대답이 없다

바람이 센 오늘은 더욱 그대가 그립다
진종일 갈피를 못 잡고 허둥대다
꽃송이는 떨어져 숨었는가
바람아, 님은 멀리 가 있는데
나는 어쩌란 말이냐

우리 모두가 꽃이다

삼월이 내일모레인데 롱패딩 입고
시낭송 봉사하러 간다
노인들 유치원 데이케어센터에 가면
발걸음이 포목점의 자처럼 바쁘다

꿍짝거리는 음악 소리에
시낭송보다 노래가 신났다
흰머리 성성 노인들
병아리처럼 입을 모아
'이별의 부산정거장'을
어눌한 발음 엇박자로 부른다

마술 손가락으로 기타 튕기는 이 선생과 시낭송가들
각각의 색깔로 위문받는 노치원생들
인생 노트 마지막 한 장을 남긴 노년세대
도레미파 음계를
삐뚤빼뚤 힘겹게 타고 넘는다

'굳세어라 금순아'가 있어서
그래도 인생이 고마웠다고

그네들이 건너온 한 생이 이젠 쉬셔도 된다고
노래로 시 감상으로 토닥여준다
우린 모두 꽃이 되었다

멀리 있는 그대

멀리 있어 그리웁다
별들도 무지개도 멀리 있는 그대도
만날 수 없어
더욱더 그리웁다

사랑하는 사람아
멀리 있다고 해서 잊혀지는 것이 아니다
멀어져 간다는 것은
늙어 간다는 것이다
멀리 있는 것은 아름다운 것
늙어 간다는 것은 더욱 그리운 것

늙어 가는 것은
사랑하는 사람을 잊어가는 것이 아니라
다만
홀로 견디는 인내가 필요한 것이다

제2부
삶의 길

요양 보호사

낮추기만 하며 살아온 뒤안길
과거 속으로 끌려가는 모습이 보인다

다정한 그녀 다녀간 빈자리에
동백꽃 냄새가 왈칵 쏟아지고
뿌려 놓은 웃음이 무지개로 핀다
요양 보호받는 내 주름진 얼굴이
풀 먹인 광목에
숯불 다리미 지나간 자리보다 매끄럽다

살아온 길을 되짚어 본다
나도 남을 위해 한 번쯤이라도
풀죽은 마음을 녹여준 적 있었던가

다시 천사가 되어 살고 싶다

양말을 기우며

구멍 난 양말을 깁다가
너무 매정한 일이다
생각해 본다

은혜받지 못하고
태어난 죄로
일평생 발바닥에 짓눌려 살아온
무게가 얼마며
고린내 발꼬랑 냄새를 견디며
신발의 감옥에서 보낸
세월이 몇몇 해인가

선구자의 삶을 마치고
미련 없이 가려는 길을 막고
한 번 더 죄를 받아라
형벌을 가하는 간수 같아서
속울음 삼키며
뉘우쳐 본다

참 좋은 세상이다

바라만 보아도 배가 부르다
보름달 밤보다 황홀한 불빛
실개천 흐르듯 은은한 음악 소리
아들딸 데려온 부부의 행복한 미소
두 늙은이도 낙원에 왔다

생각이 난다
6.25 전쟁의 폐허 속
배고픔 추위 갈등 공포
절망의 시대를 견디며 살았다

우리들은 희망을 찾아
폭염의 나라 사우디로
폭탄의 나라 베트남으로
암흑 속의 독일 탄광으로
두려움도 무릅쓰고 나아갔다

열심히 살았다
참 좋은 세상이다
형과 나 호텔 뷔페에 앉아

묏등만 한 배를 붙잡고
형, 더 먹어요
많이 먹었어

참 아깝다 더 먹는 건 공짠데

창밖

외롭지 않은 사람은
창밖을 보지 않으려 한다
외로운 사람은 가만히 창가에 앉아서
창 너머로 보이는 삶의 모습과
시시각각 변하는 빛의 표정을 본다
거기에서 생이 속삭이는
가르침도 배우고
더러는 짧은 순간 희망을 만나기도 한다
맑은 햇살이 거리에 굴러다니는 날
누군가는 연인과 발걸음을 같이 하고
유리구슬 같은 행복을 몰고 다닌다
선뜻 찬란한 햇살 아래로
나서지 못하던 사람들도
외로움을 잊으려 내밀한 해방감이 있는
창밖으로 걸어 나온다

여의나루 김밥축제

봄가을은 축제의 계절이다
엊그제는 불장난을 치더니
오늘은 한강 변에서 김밥축제를 열었다
김밥 사려고 기차꼬리같이 줄 서는 소리
김밥 옆구리 터지는 소리로 목청껏 호객하는 소리
유달리 젊은 부부가 하는 김밥집이 대박을 쳤다
손님을 잘 후리는 냄새를 고용했기 때문이다
강바람이 드나드는 길목에 자리 잡은 부부는
강원도 영월 친정에서 가져온 참기름을 고용했다
강바람 알바생도 냄새를 풍기며
순번 기다리는 손님들 사이를 헤집고 다니다가
철 모르고 입고 온 노인의 외투에 붙어
집까지 따라간다
호객하다 지친 냄새들은
나뭇잎에 붙어 팔랑거리며 손짓한다

해병 수색대

해 저무는 서편 최북단
외로운 섬
백령도

매서운 눈초리는
몰아치는 바닷바람처럼
차갑다

폭발해 버릴 것 같이
긴장된
야간근무

머리를 한 번 흔들자
물매화 피는 실개천
나무다리를 건너
청춘은 고향으로 간다

품에 안겨
주먹으로 가슴을 치며
가지 말라 울던

가시내 숙이

손에 쥔 소총의 차가움이
가시내의 치맛자락 잡아 흔들며
너는 귀신 잡은 사나이
해병 수색대다 호통을 친다

카드가 빈정거린다

제 것도 아니면서
여기저기 긁어 대니
카드가 빈정거린다

칵- 가위로
잘라 버릴까 보다

아니지 참아야지
절약이 생활이고
참는 것이 삶의 전부였던
어렵고 힘든 시대를 살았던 세대인데
삼겹살의 반의반 값으로
뒷다리 살 세 근 사고 저리 좋아하는데

카드 주인인 딸은
말이 없다

돼지, 너는

친숙한 동반자
온화한 얼굴에 마음씨까지 온순한
모나지 않은 둥그스름한 몸매

길흉사에 참석하는
위대한 제물
성스러운 육체

세상의 추잡하고 역겨운 것은
모두 먹어 치워
깨끗한 세상을 만드는 선구자

빈곤을 몰아내고
부와 행운을 불러온다는
절대적인 복덩어리

아낌없이 다 내어주고 떠나는
너는 구도자

인생이란

갑자기 비가 억수같이 쏟아진다
김포공항 롯데몰 휴게실에서
하늘이 잠잠해지길 기다린다
부산 기장집을 나와 딸 집에서 지낸 지 5년째다
오는 비가 꼭 성난 마누라들 같다
옆자리에는 나처럼 할 일 없는 노인들이 모여
웅성거린다
인생이란 어머니 뱃속에서 태어나 감처럼 익어
홍시가 되어 땅바닥에 철퍼덕 떨어져
형체도 없이 뭉개져 버리는 것이 아닐까
여러 모양의 가면을 쓰고
언제 갈까 어떻게 갈까 망설이는
노인만의 세상은 없다 이렇게 홀로 떠돌다
어느 한적한 뒤안길에서 가는 거다
늙어 간다는 건 모든 걸 잃는다는 것이다
더 이상 잃을 것이 없는 그런 것
우두커니 바라볼 수밖에 없는 지금 같은 것
비가 억수같이 쏟아질 때 길바닥에다
손을 놓아 버린 것들
잃어버린 것들

어디서 잃어버렸는지 몰라 두 손을 호주머니
깊숙이 넣고 종일 더듬어 보는 것

노년

세상은
스산한 바람으로 가득하고
노인은 단풍으로 불탄다

망망한 바다에
한 조각 구름으로 내려앉아
출렁이는 물결에 몸을 던지고

산장에
한 포기 들꽃으로 피어나
태양을 사모하다 져버리는 꽃

노년의
쪼그라진 몸에서
세월이 빠져나가고 있다

흐르는 바람

늙은 수탉이
먹고살기가 힘들어
병아리 시절을 그리워한다

어쩌면 좋을까
고향집 마당으로 가볼까
꿈기차를 타고 과거로 가볼까

아득히 먼
그리움의 흔적 속으로
걸어가 봐야겠다

흐르다가 멈추고 멈추다가 다시
기억나는 추억은
흐르는 바람이었나

그대를 생각하며

내 그대를 항상 생각함은
그대가 있는 곳으로
해가 뜨고 바람이 불고 시냇물이 흐르듯
언제나 그대에게 가고 있는 것이요
언젠가 그대가
넓은 바다로 마음을 열면
한없이 괴로움 속을 헤매던 나는
바다의 품에 안길 테요

진정으로 진정으로
그대를 그리워하는 건
내 자꾸만 작아지는 모습이 부끄러워
바꾸어 버리고 싶은 마음이라오
찬바람이 불어 낙엽이 지고
괴로운 한 해가 또 가고 나면
따스한 바람이 새싹을 틔울 텐데
나에게도 봄이 오는지 모르겠소

너를 기다리며

달님을 업고 이 밤이 새도록
먼 길 걸어올 너를 기다리며
발자국 소리 그리워
두 귀를 열어 놓지만
기다림의 가슴 저림은
당해 보지 않은 사람은 모른다

힘겨운 발걸음 옮겨
나는 가고 너는 오고 있을
아 눈물보다 아프고
높은 순결한 꽃이여
사무치는 그리움은
애달파해 보지 않은 사람은 모른다

부산에 와 보니

부산 가는 완행열차를 탔다
지나가는 그림들이 정겹다

항구에 와 보니 노을이 지고
갈매기가 나를 알아보고 반긴다

묵직하게 목쉰 소리로 고함치는
뱃고동 소리가

왜 이제야 왔냐는
꾸지람 같다

반평생을 더 살아온
너도 내 고향 아니냐

힘들었던 그날들
서울은 멀어 다시 가고 싶잖다

떠나간 이(齒牙)에게

칠십오 년을 건강 지켜준 그대여
나 태어나고 한두 해 늦게 태어났으니
동생이라 불러도 좋으리

돌보지 못하고 등한시했으니
부끄럽고 미안하오

술 담배 가난에
아픔과 분노 증오까지
짓씹으며 혹사시켰으나
곱씹어 삼켜준 그대가 고맙소

이제는 무정한 심정에
쇠락까지 찾아와 먼저 가는구료
붙잡지 못하는 내가 더 괴롭소

나의 이여
사백만 원으로 그대를 배웅하면서
빈자리에 허전함만 덩그러니 남았소

삶취

아빠! 매일 헬스장 가 땀 많이 흘리면서 그냥 와요?
그 말을 해줄 수 있는 너는
이 세상에서 나와 가장 가까운 사람이구나
이건 체취가 아니라 삶취란다

너도 형형한 눈빛의
많은 제자들 데리고 언덕길 오르느라
높은 지식의 냄새에 힘들겠다

옛적에 우리는
흙과 뒷간 이웃이 촘촘히 얽혀 살면서도
설 추석 명절 때만 동네 목욕탕에 갔다
가난의 냄새는 불편하지 않았다

창밖을 봐라!
잘나고 똑똑하다며 멋 부리고 고함치는 시대를
이리 가자 저리 가자 다투는 정치의 냄새는
구린내보다 더 역겹다

너의 엄마는 언제나 들국화의 향기로
내 부끄러운 냄새를 덮어 주었는데
지금은 멀리 있어 덮어 주지 못하는구나
나는 시를 쓰고 있어도 글의 향기는 나지 않고
거북한 삶취만 나는구나

제3부
고향길

노동의 행복

땅, 땅, 땅- 성난 경운기 연통이 벌겋게 달아서
오르고 불만스레 울부짖는다
밤낮으로 일한 지가 보름이 넘었으니
그럴 만도 하겠다
양파는 파종 시기를 놓치면 어려움이 있어
모두가 서두른다
늙은 경운기가 늙다리소가 되어
자꾸 주저앉으려 한다
배를 채워주고 냉각수를 점검하여
머리를 쓰다듬어 주었다

잠잘 시간이 지났는데 순이가 온다
막걸리 한 병과 대추 몇 알 내 손에 쥐여준다
목이 말라 병째로 한 모금 마시니
피곤이 입안을 톡 쏘며 어둠 속으로 날아간다
대추도 한 알 씹으니 순이 냄새가 달콤하다
논바닥을 깊게 파고 흙덩이를 부드럽게
해달라는 무언의 부탁일 거다
섬세하게 작업했다
시간이 더 걸렸지만 피곤하지 않았다

흙에서 순이 냄새가 났다

중학교 3학년 가을밤에

늙은 경운기

늙은 농부가 피안의 세상으로 떠나갔다
애잔한 애마 경운기를 두고 갔다

그동안 커다란 바퀴를 달고
무거운 신발이 더 무뎌져
어디 한번 단단한 길을 마음 놓고
달려본 적이 있었던가
노동으로 거둔 농작물로
배불리 먹고 살았는데
늙은 주인이 끌던 자리엔 주름골이 패이고

주인은 가고 경운기만 남았다

헛간에서 녹슬어 잊힌 경운기를
아들이 싱그러운 봄날에 끌고 나왔다
머리를 어루만지며 붉은 녹을 문질러 닦고
배 든든히 먹여 어르고 달래 시동을 건다
경운기는 옛 주인이 아니라고
망아지처럼 덜덜거리다 주저앉는다
모든 움직이는 것들은 늙으면 절망이 많다

둘이서 누이 손거울만 한 묵정밭을 한나절 갈았다
사람이나 기계나 노쇠하면 갈 곳이 따로 있다

납골당 가는 날

생활이 넉넉지 않은 사내가
납골당 아파트에 기거하는
깊은 주름들 찾아서
시제 지내러 간다

술 담배 끊는다고 핑계 대며
다섯 해나 코빼기를 감추더니
소주 한 병 들고 간다

아버지가 납골당 창문 열고
'채식이냐, 어서 오너라!'
그래도 반기신다

나는 어린아이가 되어
산비탈 길 뛰어 올라가
품에 안겼다

살아생전 아버지 가슴에
대못 박은 아들이 밉지도 않은지
웃는 모습이 봄날이다

돌아오는 길에
뒷목을 잡아당기는 것 같아
자꾸 뒤돌아본다

왕눈이사탕

할아버지 오일장에 다녀오시는 날
기다리던 위대한 것이
하얀 바지저고리 주머니
어디선가 튀어나오던
도깨비 같은 왕눈이사탕

왕눈깔만큼 크고 맛있었는데
할아버지 가시고 난 지금
눈물의 향기도 그때처럼 달콤할까

내 어디가 예뻐서
오일장 날마다 튀어나왔나

하얀 바지저고리, 벙거지 갓
주름지고 구부러진 손가락 마디
달짝지근한 향기가 못 견디게 그리워

내 주름진 손에 한 움큼 쥐고
아무리 고개 돌려 보아도
받아먹을 아이 하나 없다

예전에는 다섯은 보통이었는데
그 많던 아이들은 다 어디로 갔나

벽에 걸린 졸업장

내 방 초가 흙벽에
졸업장이 덩그러니 걸렸다

공부가 싫다며
도시로 떠난 아들

애가 닳은 아버지는
공납금 들고
담임선생님 만나

보름 동안
고개 숙이고 손바닥 비비며
통사정해 졸업장 받아 오신 걸
나중에야 알았다

삭풍이 차가운 설날
공부방 흙벽에 걸린
눈물겨운 자식 사랑

아버지 가슴에 박은 대못
뽑을 수 없을까

동백섬, 그곳에 가면

봄보다 앞질러 피는 꽃
동박새는 어디 가고 붉은 눈물이 떨어진다

그 섬에 가면 눈물도 꽃이 된다기에
구름 한 자락 없고 목 터져라 울었더니
각혈같이 붉은 통꽃으로 떨어져 있다

봄은 아직 먼데
푸른 꿈속으로 숨어 꽃 없는 봄
기억 너머에 머물고 있는 그때가 생각나
완행열차를 타고
하던 일 멈추고 동백섬을 찾아간다

생각의 그늘에 숨겨진 가깝고 먼 섬
어머니 품속 같은 동백꽃 지는 섬
서글플 때는 푸른 꿈속에 숨어
꽃이 보일 듯 말 듯 해서 더 그리운 섬

육지도 섬도 아닌 것이
왜 이리 더디고 먼지

평생 내 마음속에 있는 섬
가도 가도 끝없는 어머니 섬
동백섬 그곳에 가면

일흔일곱 생일이 든 달에 생긴 일

도대체 이 일을 어쩌면 좋을까
깨어진 독이요 엎질러진 물이다
시낭송 교실에 간다고 밤잠도 설치고
좋아 죽겠다며 오두방정을 떨더니
반 동무들 중 혼자만 낙제생이 되었다
전화위복으로 김종상 선생님 제자가 되는
영광을 누렸다

제가 뭐 부잣집 영감이나 되는 양
멍청한 착각 속에서 쩔고 까불더니만
어마어마한 사고를 치고 말았다
이 일을 도대체 어쩌면 좋을까
거금을 주고 스튜디오에서
육체미 사진을 찍었다

딸 집에서 하는 파출부 봉급보다
더 많은 돈을 썼으니
자숙하며 부끄러워해도 모자랄 판에
제가 뭐 이소룡이나 된 듯
근육덩어리를 부풀려 올리고

폼을 잡고 까불고 촐싹대었다
안 그래도 적자 인생이라며 걱정이 많았는데
또 판을 망쳐 놓았다
벼락 천둥보다 무서운 아내가 알면 어쩌나
일흔일곱 나이에 주책을 부렸다

형제

형과 나
커피잔을 앞에 놓고
이야기한다

지금 걷고 있는 길이
어디로 가고 있는지
모르는 건
후생일 수 있다고

눈물이 난다고
왜 눈물이 나는지
모르는 건
삶의 흔적일 수 있다고

커피가 맛있는지 맛없는지
모르는 건
삶과 인생에 대한 흥미를
잠깐 잃었을 뿐이라고

나는 왜

내 머리칼은 갈대처럼 허옇게
바람결에 서걱거리는데

내 굽은 허리와
움츠린 어깨는
곧게 선 갈대를 닮지 못할까

폭우와 땡볕을
의젓이 견디어 온 갈대

내 삶은
무엇이 부족하고 부끄러워
당당히 서지 못할까

저녁노을 갈대밭에서
저절로 고개가 숙여졌다

제발 본전만이라도

오늘도 적금을 들러 헬스장 은행에 갔다
역기 통장에 있는 팔십 닷 냥의 돈 중에서
안타깝게도 두 냥을 인출하고 말았다

어째서일까
단백질 부족 수면 부족일까
의지가 부족해서일까

곰곰이 생각해 보니
싫다고 해도 무시로 찾아오는
주름골 때문일 것이다
정히 그렇다면 어쩔 수 없지만

마이너스 체력통장은 싫다
현상 유지라도 하고 싶다
사람의 몸은 텃밭과 같아서
가꾸기에 달렸다는데

오늘도 최선을 다해본다
제발 본전만이라도

내 고향 10월

지금쯤 고향 뒷산 다랑논에 벼가 누렇게 익었겠다
산등성이 넘어온 바람이
나락의 허리를 살랑 흔들겠지
하늘은 에메랄드빛으로 물들고
뒷동산은 단풍으로 불타오르겠다
논두렁 검정콩은 기다리다가 콩깍지가 폭발하고
밤송이는 벌어져 자유 찾아 밤톨들 허공을 비행한다
메뚜기 개구리 미꾸라지도 10월 볕에 살찐다
산비탈 밭 흙 두둑 속에서 벌겋게 익은 얼굴로
팔뚝만 한 고구마가 빙긋이 웃겠다
노오란 들국화 길섶에 자지러지고
나그네 허기진 고향
발걸음 붙잡는다
부모 형제 동동걸음 치게 하고 일머리 뒤엉켜 마음만
바쁘겠다

낙엽

내 생애 가장
빛나는 날

허공을
사뿐히 밟으며
빙그르르
맵시를 뽐내며
시집가는 날

숱한 날을 오늘을 위해
저리고 아픈
땡볕 폭풍우를 참았다

입술을 빨갛게 칠하고
알록달록 드레스 입고

떨어지는
이 오묘한 설렘

못

못 하나 박히는 것이
얼마나 아픈 건지
박혀본 사람은 안다

커다란 주먹으로
날카로운 혀끝으로
가슴을 열고 심장에다
가장 뾰족한 것으로 골라
입술을 나불거리며 박는다

잊히지 않는 오랜 통증
스스로 뽑을 수 없는
박은 자만이 뽑을 수 있는 못

왜 몰랐을까
이제는 멀리 있어 만질 수 없고
날은 저물어 찾을 수 없는 못

숱하게 박으려고 했던
내가 들었던 망치가
아직도 내 마음의 벽에 숭숭 구멍을 뚫는다

당산나무에 가보자

오늘같이 비 내리고 마음이 울적한 날에는
지리산 밑 고향 안평마을 당산나무에 가보자
동구밖에 큰 덩치로 서서 얼마나 많은 사람들을
먼 타지로 떠나보내고 또 품어 안았더냐
내 청소년 시절 순이의 손목을 몰아 쥐고
무명보자기에 검정 고무신 한 켤레 옷가지 한 벌
쌀 두어 되박 등짝에 옭아매고
첫새벽에 도망쳤지
무정하고 등신 같은 당산나무는
소년과 소녀를 붙잡지 않고
큰 눈망울만 멀뚱거렸지
터질 듯이 두근거리는 가슴만 쓸어내렸지

추석 지나 대보름날 저녁이면 동네 사람들 붙들고
어르고 달래면서 먼 전설을 이야기해 주었어
네 편도 내 편도 아닌 엉거주춤한 당산나무에
희망 좇아 떠나는 사람 멍든
가슴 안고 고향 찾는 사람
모두가 합장하며 고개 숙였지
얼간이같이 오는 사람 가는 사람 차별하지 않았어

오늘같이 비가 내리고 삶이 고달픈 날에는
당산나무에 가보자 가서 한마디 물어나 보자
우비도 없이 오는 비 고스란히 맞으며
아직도 기다리고 있을지도 몰라

한탄강

살아온 날들이 부끄러워
땅속으로 스며들어
별빛 뒤에 숨어 있다가
아무도 보이지 않는 어둠 속으로
슬며시 흘러내린다

스치는 바람도 찾지 못해
서먹해하다가
후회스러운 역사를
한탄하며 흐르는 강

동란 중 가장 치열했던 격전지
포성에 죽은 넋이 깃든 강
젊은 영혼이 강물과 섞여 흐른다

발버둥 쳐도 빠져나오지 못하고
수렁에서 늙어버린 주름골에
흘러내리는 눈물 한 자락

후회와 뉘우침이 쌓여서
세상에서 가장 서러운 이름으로
내 마음속에 흐르는 강

복수초

삼월이 내일 모랜데
롱패딩 입고 비틀거리는
술 취한 겨울 사내

애달픈 봄 여인이
노란 얼굴로 힘겹게
피어 올린 복수초 꽃 떠올리네

흙덩이 밀어 올리고
꽃잎 들어 올린 그 강인함
잔설 속에 피어나는 고귀함을
생각하며 정신 곧추세우네

그래도 살아야지
마음속에 복수초 노오란 꽃 품고
집 찾아가는 한 사내

제1부
희망의 길

2025년 새해 아침에

자 이제 출발이다
출발선을 뛰어넘었다
가슴이 뛰고 마음은 두렵지만
그 선 위에 선 자가, 나뿐이더냐
수많은 생명과 세상의 만물들
모두가 똑같은 심정일 것이다

어차피 한 해를 살아가는 길은
누구에게나 공평하게 열린 길
겸손하고 존경하며 순종해야 하는 길
생명 질서의 길이며
존재 신비의 길이다

연말연시까지 무사히 도착하여 성공한 자
도중에 탈락된 낙오자
소멸해 버릴 수도 있는 형체들
이런저런 말 못 할 켜켜이 쌓인
사연들이 많이 생기겠지

판도라의 상자가 열려
세상의 모든 욕심들이 튀어나왔지만
단 하나 희망이 남았다
시작도 돌아서서 보면
어디선가 지나왔던 길이다

마다하지 않고
기쁜 마음으로 출발하리
칠십 년 하고도 반을 넘었다
슬프고 외롭고 힘든 일도
훌쩍 건넜다

올해는
나의 생애 최고의 희망인
손녀딸과 자주 만나는 것
내 시집을 가까이했으면 하는 것
그 애가 읽고 건너가는 꽃길 되라는 소망

3월의 행진

꾸부정한 날씨가 어쭙잖은 기분으로
가는 길을 묻고 또 묻는다

스승님 아들이 첫 발걸음 내딛는 예식장
시어(詩語)가 나의 손을 잡고 귀를 만진다
싹터 오르는 파릇파릇 3월
낭랑한 음성 축복 넘치는 시낭송에
심장이 요동친다

신랑 신부의 햇미소
오늘의 눈부심보다 위대한 경찰복
3월의 신부도 어여쁘다

시대를 선도할 행진으로
무엇을 망설이고 두려워하랴
팔짱 끼고 걸어가는 두 젊음
혼자 힘은 약해도 둘의 힘은 강하다

쭉 뻗은 햇살 속으로
뜨거운 한 쌍이 첫걸음을 내딛는다
3월 희망의 행진이다

독도

태양이 태어나는 곳
망망대해 먼 동쪽
수백만 년 동안
수심 깊숙이 뿌리 박아
발 담그고 우뚝우뚝 돌이 솟아난 섬 독도

모진 역경을 견디며 살아온
깊게 주름진 온화한 얼굴로
태양을 품었다
매일 솟구쳐 올리는 근육덩어리
빛의 제국 독도

수심 깊숙한 발가락부터
머리끝까지 품어 안은
수만의 생명들
조국을 사모하는 그리움으로
쉴 새 없이 출렁이는 풍랑을 달래는
영혼의 섬 독도

호시탐탐 노리는 악으로부터
지키는 수문장 독도

호랑이

산 높고 골 깊은 산자락
재 넘어 두서너 집 호젓한 마을
나지막한 초가집 희미한 호롱불 아래
흙벽 작은 방안

무엇이 불만인지 조그만 사내아이가
아까부터 울고 있네
자꾸 울면 호랑이 내려온다
바느질하는 어머니 말은
아무 소용이 없다

아까부터 내려와 마당 댓돌 위에 앉아
찢어진 문종이 사이로 방 안을 보는
호랑이
고놈 참 맹랑하네
내가 안 무섭다고 빙긋이 웃는다

아이가 새삼스레 울자
어머니 최후의 수단으로
곶감 줄게 울지 마라

어럽쇼
울음을 뚝 그치는 아이

호랑이 기절초풍하고
산으로 줄행랑친다
세상에 세상에나
나보다 더 무서운 놈이 있다니
도망가다 생각하니
연암 박지원 선생의 호질이 생각나고
그렇게 되어야 마땅한데
당연히 그래야 하는데
그렇지 않으니 원망스럽다

배추김치

검은 머릿결 동백기름 발라
곱게 빗어 은비녀 쪽 지우고
천상의 향기 가득 품은 가슴 봉긋하고
속이 꽉 찬 팡파짐한 엉덩이
쭉 뻗은 하얀 종아리
무명치마 휘둘러 감싸안은 가는 허리
소박하고 청초한 대한민국의 여인이
세계의 맛과 멋 품평회에 대표로 나섰다

강원도 깊은 산자락에서 태어나
작열하는 태양의 정열을 품고
솔향기 바람에 전신을 씻기우고
하얀 첫서리에 곱게 분 바르고
모든 고난도 이겨내고 자란
온화한 성품의 배추처녀

짜릿한 매운맛 고추
알싸한 마늘향
향기로운 생강향기
바다의 제왕 멸치맛

혼신을 다해 정성으로 단장한
여인으로 성숙한 배추김치

당연히 최우수상을 받았다

오랜 세월 누나로 어머니로 지켜온 자리
풍부한 비타민 미네랄 유산균
맛과 향을 겸비한 사모하는 여인을
나의 몸속 깊숙이 받아들인다

낙엽의 한마디

햇살이 풍성한 오후
바람 한 점 없는 허공에
알록달록한 잎사귀 한 장
빙그르르 지상으로 떨어진다

먼저 떨어진 잎들이
선망의 눈초리를 반짝이고
공중의 잎들은 미안한 듯
슬픔의 미소를 보낸다

잎사귀는 미소 짓고 폼 잡으며

"삶이란 얼마나 살았느냐가 아니고
어떻게 살았느냐가 중요한 거야
최선을 다해 살았지만
잘 살았는지 모르겠어"

공중의 잎들은 고개를 끄덕이며
떨어져 보면 알겠지
햇살들도 따스한
긍정의 미소를 보낸다

모과

누우런 황금덩어리
신의 은총으로 맺은 열매
천상의 향기까지 품고
아픈 이에겐 평안을 주며
아담한 마을을 지켜주는
수호신
봄엔 담홍색 꽃으로 피고
가을엔 약제로 사랑을 주며
불끈 솟은 근육덩어린
힘과 용기와 희망을
울룩불룩한 이마엔
사랑과 자비가 충만한데
어느 못난이가
너를 못난이라 놀려먹더냐

던져버리고 싶은 것들 1

세월이 흐르니
숫자는 늘어나고
배는 부르지 않고
걱정만 많아진다

세월이 흐르니
허리가 굽고
근육이 빠지며
힘과 용기가 사라진다

세월이 흐르니
부끄러움은 숨어버리고
빈자리엔
빈정거림이 앉아 있다

세월이 흐르니
슬픔이 쌓여가고
눈물이 많아지며
옹고집 헛배만 부른다

세월이 흐르니
쌓이는 것들이 많고
쌓이는 것이 많으니
던져버릴 것도 많다

자꾸 던져야 마음도 가벼워지는데

던져버리고 싶은 것들 2

던져
사람인지 짐승인지 알 수 없는 괴성이
여행객들에게 지시했다

던져 빨리 던져
포효하는 듯한 아우성에
다들 가지고 있던 것들을 내던졌다
딸기 농장 주인은 딸기를 상자째로
늙은 소설가는 팔리지 않은 책을
60대 정치인은 높은 자리 명패를
마약 중독자는 약에 취해 돈다발을
배 위에서 바다를 향해 힘껏 던졌다

젊은 부부는 꽃바구니에 예쁘게 누워 있는
아기를 몰래 바다 물결에 얹어놓고 사라졌다

던질 준비를 하던 많은 사람들은
아기가 떠내려 가는 것을 보고 멈칫했다
던질 수도 멈출 수도 없는 사람들은
양조장 사장이 던지려던 술을 퍼마시고

취해 쓰러졌다

던져버리고 싶은 것들이 이렇게 많았나
목숨까지도…
나는 무엇을 던지고 싶었을까
절대고독을 손에 쥐고
먼 수평선만 바라보았다

손녀 생각

가을의 끝자락
회색빛 하늘을 달려가는 바람이
위태롭게 매달린 낙엽들을
호되게 호통치며 지나간다

벽에 걸린 빛바랜 사진 속의
유치원복 입은 예쁘장한 6살쯤의
소녀 미소가 쓸쓸하다
안 그래도 울적한 가슴이 을씨년스럽게 운다

뼈저리게 그립던 날들이 흘러
이제 많이 자랐겠구나
예쁘게 밝고 맑게 자라라
몇 밤만 자면 대학교에 간다지

마음속으로 편지도 쓰고 전화도 숱하게 했었지
어젯밤 꿈기차로 너에게 갔다가
만나지 못하고 힘겹게 돌아왔다
언제나 텅 빈 너의 자리
부재중 응답 없음

외로운 가을이 가고 나면
쌀쌀한 겨울에 고독이 묻혀 오겠지
해 지는 저녁 구름을 바라보며
사푼사푼 걸어오는 네 발자국 소리 그리워
나의 두 귀를 활짝 열어 놓았다

꿈속의 뼈저린 나의 아버지

지금도 그때 모습이 또렷이 생각이 난다
황금물결 일렁이며 고개 숙인 나락들
바람 지휘자 손짓에 노래하던 들판
고추잠자리 떼 춤추고
통통한 메뚜기가 폴짝거리는
고향 들판 풍경이 아릿한 향수로 피어난다

두루마리 펼치듯 고향집을 펼쳐본다
앞마당 감나무에 잘 익은 빨간 홍시를
까치 한 마리는 쪼아 먹고
한 마리는 힐끔힐끔 망을 본다
마루에 앉아 망보다가 홍시가 아까워도
방 안에서 잠드신 아버지 깰까 봐
소리 지르지 못하고
안절부절못하던 내 유년 시절

초가집 흙벽 방에 머리 싸매고 누워 계시던 아버지
암이란 놈이 몸 여기저기 엉겨 붙어 살이란 살은 다
파먹어 뼈만 앙상히 남은 쇠잔한 몸
핏기 하나 없는 병색 짙은 얼굴

큰 병원도 손을 놓은 애타는 절박함

학교에서 돌아오면 보리밥 뚝딱 먹어치우고
집 앞에 펼쳐진 논바닥
아버지가 운전하시는 경운기에게 달려갔지
로타리 작업 단골 파트너 교대자 되면
빙긋이 웃으면서 운전대 넘겨주시던
장군 같던 아버지
아버지와 나라면 아무리 험난한 고빗길도 사뿐히
건널 수 있다고 믿었지

그러나
이것만은 생각하기도 말하기도 싫다
오막살이집 안방 아랫목에 누워
생과 사를 놓고 다투던 아버지
그렇게 꼿꼿하게 열심히 살아왔는데
암에게 멱살 잡혀 고개 숙인 처연한 모습

비겁하지도 욕심부리지도 않고
당당하게 따뜻한 가슴으로
식구들을 짊어진 무게가 하도 무거워
야간작업도 마다하지 않고 걸어온 인생길
생각하려면 눈앞이 흐려지고

이야기하려면 목이 멘다

꿈속의 뼈저린 나의 아버지

배낭의 여정

등산용품점 바람벽에 덩그러니 걸려
팔려나가기를 기다리는 나를

등 굽은 주름골이 손목을 끌며
같이 살자고 꼬드기네

트렁크에 팽개치듯 실려
빈방에 아무렇게나 옮겨놓은 지
보름이 더 지난 어느 날 밤에
주인이 술 취해 들어와
닭똥 같은 눈물을 흘린다
가야만 하는 길, 이 죽일 놈의
술 담배를 피하려면 안 갈 수 없는 길
삶의 난간에 매달린 자기를 도와달라 울먹인다

다음 날 쌀 한 되박 밑반찬 두어 가지
부서진 육체 망가진 정신을 내 안에 구겨 담고
흰 머리칼 날리는 굽은 등에 업혀
새벽길을 나섰다
주인과 나의 여정이 시작되었다

부끄러운 인생이야

식탁에 슬픔과 게으름을
데리고 앉아 밥을 먹는데
가난이 수저를 들고 끼어든다

오라는 이도 없고
갈 곳도 없다고
가난이 입을 삐죽인다

남들이
일할 때 놀기만 했으니
게으름도 미안해 부끄러워하니

냉장고 안에서
택배로 온 반찬들이
슬픔을 달래려 느릿느릿 걸어 나온다

짧은 생이 저만치 가고
한 생을 다 살아가니
이젠 알겠네

눈물뿐인 삶
부끄러운 인생이야
남은 생은 초록으로 살려 하네
내 얼굴이 눈물에 젖어 반짝인다

별이 된 부모님 만나려

엄청 높은 지리산 끝자락
작은 막내산 안평마을 뒷산 양지쪽
17층짜리 납골당 아파트 옆에
텐트를 치고 야영을 한다

우유를 마시려고 고개 드니
하늘에서 별들이 우수수 쏟아져 내린다
세상에나 저렇게나 별들이 많았었나
반짝반짝 손 흔들며 반갑다
야단법석이다

사람이 생전에 아름답게 살다 죽으면
별이 된다는데 부모님도 별이 되어
저 수많은 별 중에서 나를 쳐다보고 있겠지
그렇지 않으면 별이 저렇게 많을 이유가 없지 않은가

하늘을 가득 채운 빛의 향연이
끝없이 신비로운데
사람은 100년도 못 살고 태어난 고향에 돌아와서
별이 되어 납골당에 입주해 살고 있다

내 고향의 동생이 몸부림친다

내 고향 지리산자락 함양의 형제
산청의 산들이 태양도 가려버린 어둠 속에서
몸부림치고 비명을 지르고
붉은 불이 광란의 춤을 추고 있다

헬리콥터와 소방대가
불길을 두들겨 패도 소용없다

산천초목과
뭇짐승들이
생의 끝자락으로 뛰어드는데

우리 아파트 앞
키 큰 소나무는 얼마나 안타깝길래
온몸을 흔들며 저리 몸부림치고 있나

강풍에 취해
버둥거리는 소나무는
어찌 알고 저럴까

해파랑길을 걸으며

또렷이 생각나는 5년 전 기억들
술 담배 중독보다 괴로웠던 짙은 회색빛 외로움

도망치듯 집을 나왔지
참 비굴하고 나약한 도피였어

인지기능 뇌세포가 알콜성으로 파괴되었어요
술 담배 끊어야 삽니다
원자력의학원 의사의 폭탄선언

아빠 끊다가 못 끊으면 말지요
딸의 보석 같은 응원에 희망 하나 품고
가슴에 독기 하나 챙기고
배낭에 야영할 짐 쑤셔 넣고
걷고 또 걸었지 종일토록

추암촛대바위 야영장
은갈치 비늘로 반짝이던 바닷가
옥양목 비단결같이 부드럽고 따스한 바람결
자전거길에 아른거리는 아지랑이

자연이 내겐 영혼의 치료약이었어

부산에서 고성 통일전망대까지 쭉쭉 뻗은
해파랑길 따라 발바닥이 부르트도록 걷고 또 걸었어
희미한 희망을 잡으려 걷고 또 걸었지
아빤 할 수 있어
이 말을 주문처럼 외우며 술 담배를 딱 끊었지
질기게 따라다니던 우울증도 떨쳐버렸어
풍찬노숙 잠으로 몸을 혹사도 시켰지
한 달 조금 넘게 걸린 여정이었어

이젠 두렵지도 외롭지도 않아
더 이상 피하지 않을래
자신감이 있으니 희망도 내 곁에 있네

통일전망대에서 두 주먹 불끈 쥐고
다시 살아난 몸으로
우리 민족 통일도 기원했지
희망도 가슴 가득 품었어

해파랑길이 나에게 다시 일어서라고
쭉쭉 뻗은 길을 보여주었어

멀리 있는 그대

초판 1쇄 발행 2025. 5. 16.

지은이 박장순
펴낸이 김병호
펴낸곳 주식회사 바른북스

편집진행 박경원
디자인 양헌경

등록 2019년 4월 3일 제2019-000040호
주소 서울시 성동구 연무장5길 9-16, 301호 (성수동2가, 블루스톤타워)
대표전화 070-7857-9719 | **경영지원** 02-3409-9719 | **팩스** 070-7610-9820

• 바른북스는 여러분의 다양한 아이디어와 원고 투고를 설레는 마음으로 기다리고 있습니다.

이메일 barunbooks21@naver.com | **원고투고** barunbooks21@naver.com
홈페이지 www.barunbooks.com | **공식 블로그** blog.naver.com/barunbooks7
공식 포스트 post.naver.com/barunbooks7 | **페이스북** facebook.com/barunbooks7

ⓒ 박장순, 2025
ISBN 979-11-7263-377-6 03810

• 파본이나 잘못된 책은 구입하신 곳에서 교환해드립니다.
• 이 책은 저작권법에 따라 보호를 받는 저작물이므로 무단전재 및 복제를 금지하며,
 이 책 내용의 전부 및 일부를 이용하려면 반드시 저작권자와 도서출판 바른북스의 서면동의를 받아야 합니다.

바른북스 출간도서

바른북스 실전출판 안내서
바른북스 출판사 지음 | 272쪽 | 15,000원

**내 책의 완성도를 높여줄
출판 지침서**

무슨 일이든 시작이 어렵듯 책쓰기도 그렇다. 책을 쓰려고 마음먹었지만 어떤 것부터 해야 할지 막막한 이들을 위해 준비했다. 사전 준비부터 마케팅까지 도움이 될만한 내용으로 꽉 채운 가이드라인을 따라 한 문장 한 문장 글을 이어가다 보면 어느새 당신의 책 한 권이 완성되어 있을 것이다. 나의 이야기를 세상에 들려주고 싶은 꿈을 가진 분들에게는 작가의 길로 가는 지침서가, 이미 원고를 쓰고 있는 분들에게는 완성도 있는 출간을 위한 이정표가 될 것이다.

시한부
백은별 지음 | 312쪽 | 16,800원

**우울과 방황의 경계에 선
모든 청소년에게**

중학생 저자는 트라우마 속에서 자발적 시한부가 되기로 선언한 주인공 수아를 통해 '청소년 우울·자살'의 심각성을 폭로한다. 청소년 작가로서 바라본 10대만이 느낄 수 있는 감정과 죽음에 관한 고민을 섬세하게 다루고 있다. 수아와 주변 인물들의 이야기가 죽음을 생각하고 있는 이들에게 위안과 희망의 메시지가 되길 바란다.

바른북스

출판문의 barunbooks21@naver.com
대표전화 070-7857-9719
홈페이지 www.barunbooks.com

묵묵히 지나온 세월 속,
말 대신 시로 전하는 아버지의 마음.
《멀리 있는 그대》는 그리움으로 피어난
삶의 노래이자 사랑의 기록입니다.

당신의 마음에도,
그대라는 이름으로 닿기를 바랍니다.

값 11,000원 | ISBN 979-11-7263-377-6